D1824707

This book belongs to:

_ _ _ _ _ _ _ _ _ _ _ _ _

Where is the Baby
Που είναι το μωρό;

Translation: Rose-Marie Ntoulakis

Sujatha Lalgudi

Where are the baby's eyes?

Που είναι τα μάτια του μωρού;

Here they are, two twinkling eyes.

Εδώ είναι, δύο μάτια που λάμπουν !

Where is the baby's nose?

Που είναι η μύτη του μωρού;

Here it is, one tiny nose.

Εδώ είναι, η μικρή η μύτη!

Where is the baby's mouth?

Που είναι το στόμα του μωρού;

Here it is, rosy lips.

Να το, με κόκκινα (τα) χείλη!

Where are the baby's ears?

Που είναι τ'αυτιά του μωρού;

Here they are, two ears
that hear.

Εδώ είναι, δύο τ' αυτιά που
ακούν!

Where are the baby's fingers?

Που είναι τα δάχτυλα των χεριών του μωρού;

Here they are, ten lovely fingers.

Εδώ είναι, δέκα αγαπημένα δάχτυλα!

Where are the baby's toes?

Που είναι τα δάχτυλα των ποδιών του μωρού;

Here they are, ten tickly toes.

Εδώ είναι, δέκα γαργαλιστικά δάχτυλά!

Where is the baby's belly button?

Που είναι ο αφαλός του μωρού;

Here it is!

Εδώ είναι!

Where is the baby?

Που είναι το μωρό;

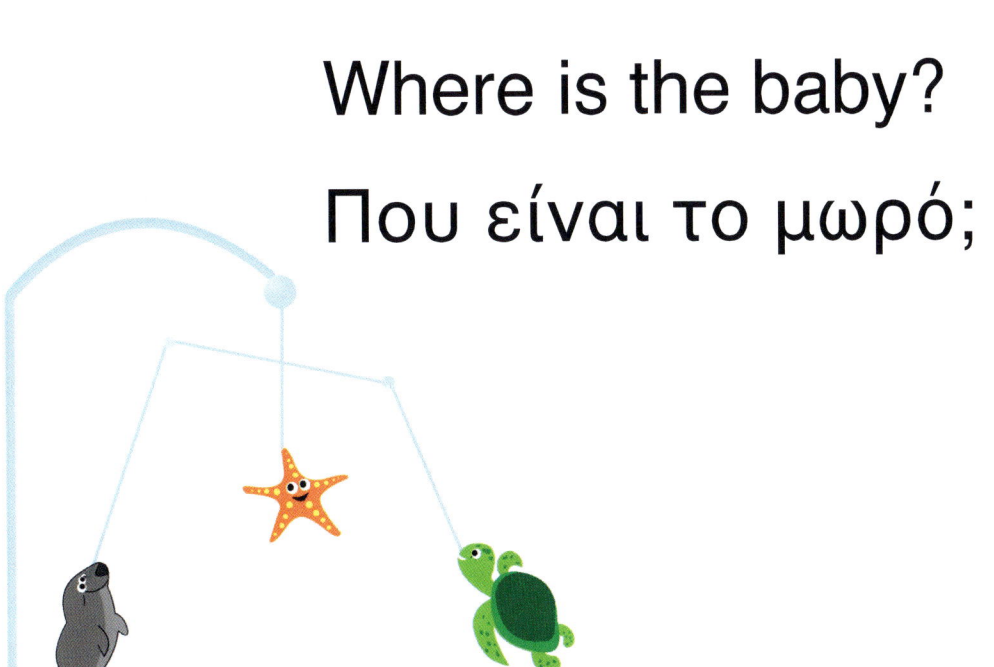

Here I am!

Εδώ (είμαι)!

Peekaboo!

Σε κρυφτούλι με
το μωρό !

We could read a book.

Θα μπορούσαμε να διαβάσουμε ένα βιβλίο.

Finish your milk, sleepy baby!

Τελείωσε το γάλα σου, νυσταγμένο μώρο.

Good Night. Sweet Dreams!

Καληνύχτα.
Όνειρα γλυκα!

Hope you liked reading this book.
If you did, please leave me a short review. Thank you!

Εάν σας άρεσε θα σας ήμουνα ευγνώμων
για την κριτική σας..
Θα μας βοήθουσε στη διάδωση
αυτών των τόσων ευχάριστων βιβλίων.
Ευχαριστώ!

Sujatha Lalgudi

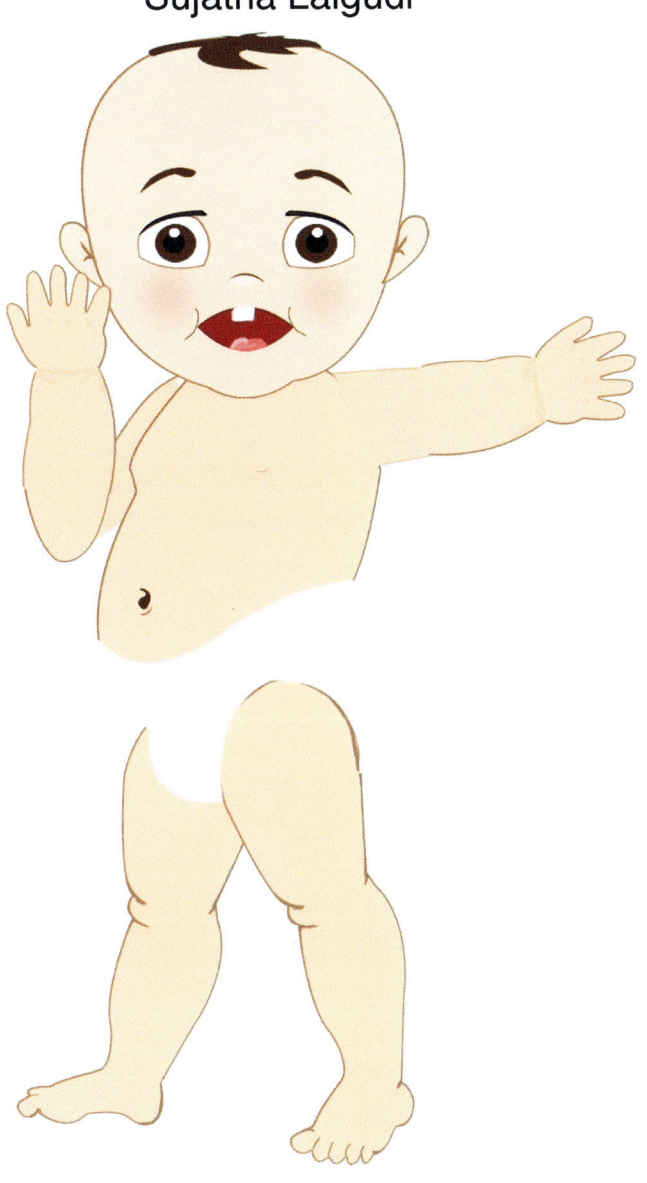

The end!

15600192R10016

Printed in Poland
by Amazon Fulfillment
Poland Sp. z o.o., Wrocław